**Constructions en briqu que ordinaire
au point de vue coratif**

TABLE GÉNÉRALE DES PLANCHES

1. — Hôtel, à Paris, 7, rue de Prony. — M. Clairouin, architecte. — Élévation et coupes.
2. — Hôtel, à Paris, 7, rue de Prony. — M. C. Goussery, architecte. — Coupe et plans.
3. — Hôtel, à Paris, 61, rue de Courcelles. — M. Train, architecte. — Élévation et plans.
4. — Hôtel, à Paris, 61, rue de Courcelles. — M. Train, architecte. — Élévation et coupe.
5. — Hôtel privé, à Paris, 4, rue Leroux. — M. Paul Sédille, architecte. — Élévation.
6. — Hôtel privé, à Paris, 4, rue Leroux. — M. Paul Sédille, architecte. — Plans, coupe et détail.
7. — Hôtels privés, à Paris, 38, 40, 42, rue de la Faisanderie. — M. Bauhain, architecte. — Vue générale.
8. — Hôtels privés, à Paris, 38, 40, 42, rue de la Faisanderie. — M. Bauhain, architecte. — Plans et coupes.
9. — Hôtel, à Paris, 93, boulevard Berthier. — M. Duchesne, architecte. — Élévation et plans.
10. — Hôtel, à Paris, 93, boulevard Berthier. — M. Duchesne, architecte. — Coupes.
11. — Hôtels, à Paris, 68 et 70, rue de l'Assomption. — M. de Guivenys, architecte. — Élévation et plans.
12. — Hôtels privés, à Paris, 111 et 113, rue du Ranelagh. — M. de Guivenys, architecte. — Élévations et plans.
13. — Hôtel privé, à Paris, 128, rue de Longchamps. — M. Hazou, architecte. — Plans, élévation et coupes.
14. — Hôtels privés, à Paris, 43 à 51, rue Mozart. — M. Chaussy, architecte. — Élévation.
15. — Hôtels privés, à Paris, 43 à 51, rue Mozart. — M. Chaussy, architecte. — Plans et coupes.
16. — Hôtel privé, à Paris, 86, boulevard Pereire. — M. Decaisne, architecte. — Élévations.
17. — Hôtel privé, à Paris, 86, boulevard Pereire. — M. Decaisne, architecte. — Plan, coupe et détails.
18. — Villa de M. Mancelin, à Trouville-sur-Mer. — M. Calisny, architecte. — Élévation principale.
19. — Villa de M. Mancelin, à Trouville-sur-Mer. — M. Calisny, architecte. — Plans, coupe et élévation.
20. — Hôtel privé, à Paris, 88, rue Laugier. — M. Delmas, architecte. — Élévation, coupe et plans.
21. — Petit hôtel, à Paris, 75, boulevard Saint-Michel. — M. Loanoy, architecte. — Élévations, plans et coupe.
22. — Hôtel, à Paris, rue du Général-Foy. — M. H. Renault, architecte. — Élévations.
23. — Hôtel, à Paris, rue du Général-Foy. — M. H. Renault, architecte. — Plans, élévation et coupe.
24. — Petits Hôtels, à Paris, 45 et 47, boulevard Berthier. — M. Brison, architecte. — Élévations, coupe et plans.
25. — Petits hôtels, à Paris, 93 et 95, boulevard Pereire-Sud. — M. Brison, architecte. — Élévations, coupe et plans.
26. — Petit hôtel, à Paris, 47, rue d'Erlanger. — M. Naudet, architecte. — Élévations et plans.
27. — Hôtel, à Paris, 41, rue Molitor. — M. Toutain, architecte. — Vue perspective.
28. — Hôtel, à Paris, 41, rue Molitor. — M. Toutain, architecte. — Coupe et plans.
29. — Hôtel privé, à Paris, 129, avenue du Trocadéro. — M. E. Le Maire, architecte. — Élévation et plans.
30. — Hôtel privé, à Paris, 129, avenue du Trocadéro. — M. E. Le Maire, architecte. — Élévation latérale et coupe.
31. — Petit hôtel, à Paris, 41, rue d'Erlanger. — M. Naudet, architecte. — Élévation, coupe et plans.
32. — Hôtel privé, à Paris, rue Donizetti. — M. Toutain, architecte. — Plans, élévation et coupe.
33. — Hôtels privés, à Paris, 117, rue du Ranelagh. — M. de Guivenys, architecte. — Élévations.
34. — Hôtels privés, à Paris, 117, rue du Ranelagh. — M. de Guivenys, architecte. — Plans et coupes.
35. — Hôtels privés, à Paris, avenue Perichon. — M. Toutain, architecte. — Élévations, coupe et plans.
36. — Petit hôtel, à Chaton (Seine-et-Oise), rue de l'Hôtel-de-Ville. — M. Barron, architecte. — Plans, élévations et coupe.
37. — Petite Habitation, à Fontenay-aux-Roses, rue du Chatenay. — M. Train, architecte. — Plans, élévations et coupe.
38. — Château, à Montsouli (Seine-et-Oise). — M. Mounoury, architecte. — Vue perspective.
39. — Château, à Montsouli (Seine-et-Oise). — M. Mounoury, architecte. — Plans et coupe.
40. — Villa, à l'Isle-sur-Sorgues (Vaucluse). — M. Aubertin, architecte. — Plans, élévations et coupe.
41. — Villa, à l'Isle-sur-Sorgues (Vaucluse). — M. Aubertin, architecte. — Élévations latérales.
42. — Villa Jeanne et Marthe, à Puys (Seine-Inférieure). — M. Calisny, architecte. — Élévations et plans.
43. — Villa Jeanne et Marthe, à Puys (Seine-Inférieure). — M. Calisny, architecte. — Élévation et coupe.
44. — Villa, à Aromanches (Calvados). — M. Le Voisvrel, architecte. — Élévation et plans.
45. — Villa, à Chaton (Seine-et-Oise), rue de Croissy. — M. Diedot, architecte. — Vue perspective, coupe et plans.
46. — Villa, au Vesinet, rue de Chaton. — M. Banson, architecte. — Perspective et plan.
47. — Villa, du Vesinet, rue de Chaton. — M. Banson, architecte. — Élévations et plan.
48. — Villa, au Bois-d'Oingt (Rhône). — M. Avard, architecte. — Vue perspective, coupe et plans.
49. — Villa, à Saint-Mandé, 21, avenue Daumesnil. — M. Chanon, architecte. — Plans, élévation et coupe.
50. — Villa, à Cirey-sur-Blaise (Haute-Marne). — M. Boyer, architecte. — Plans, élévation et coupe.
51. — Villa, à Chaton (Seine-et-Oise), 8, avenue d'Aligre. — M. Banson, architecte. — Façade principale.
52. — Villa, à Chaton (Seine-et-Oise), 8, avenue d'Aligre. — M. Banson, architecte. — Façades, coupe et plans.
53. — Villa, à Puys (Seine-Inférieure). — M. Calisny, architecte. — Façades et plans.
54. — Villa, à Beuzeval (Calvados). — M. Susony, architecte. — Vue perspective.
55. — Villa, à Beuzeval (Calvados). — M. Susony, architecte. — Élévations.
56. — Villa, à Beuzeval (Calvados). — M. Susony, architecte. — Plans et coupe.
57. — Villa, à Chaton (Seine-et-Oise), avenue d'Aligre. — M. Banson, architecte. — Élévations et plans.
58. — Villa, à Chaton (Seine-et-Oise), avenue d'Aligre. — M. Banson, architecte. — Élévation, coupe et plans.
59. — Chalet, à Verrey-sous-Salmaise (Côte-d'Or). — M. Denoël, architecte. — Élévation, coupe et plans.
60. — Villa, à Villers-sur-Mer (Calvados). — MM. Jaquemin et Susony, architectes. — Élévation, coupe et plans.
61. — Villa, à Lion-sur-Mer (Calvados). — M. Wayland, architecte. — Élévations.
62. — Villa, à Lion-sur-Mer (Calvados). — M. Wayland, architecte. — Coupe et plans.
63. — Maison à loyer, à Paris, 76, boulevard Saint-Michel. — M. Loanoy, architecte. — Élévation.
64. — Maison à loyer, à Paris, 76, boulevard Saint-Michel. — M. Loanoy, architecte. — Plans, coupe et détail.
65. — Maison à loyer, à Courbevoie (Seine), 12, rue de Bécon. — M. Mynd, architecte. — Élévation, coupe et plans.
66. — Ateliers d'artistes avec habitations à Paris, boulevard Berthier. — M. Brison, architecte. — Élévation, coupes et plans.
67. — Maison à loyer avec Ateliers, à Paris, 9, rue Nicole. — M. Goussaru, architecte. — Plans et élévation.
68. — Ateliers Marinoni, à Paris, 27, rue d'Assas. — M. Flaret, architecte. — Élévation, plan et coupes.
69. — Atelier du peintre, à Paris, 43, rue Saint-Didier. — MM. Jourdain et Susony, architectes. — Élévations, coupes et plans.
70. — Caserne de la garde républicaine, à Paris, rue Schomberg. Pavillon. — M. Bouvard, arch. — Élév. et plans.
71. — Pavillon de concierge et Mur de clôture, à Paris, 6, rue Largillière. — M. Lambert, architecte. — Plan et élévations.
72. — Portes et Murs de clôture, à Chaton, (Seine-et-Oise) avenue d'Aligre, 8-10. — M. Banson, architecte.
73. — Écurie et remise, à Paris, 41, boulevard Beauséjour. — M. Jacotin, architecte. — Élévations, coupe et plan.
74. — Écurie et remise, à Paris, 128, rue de la Tour. — M. Rocaut, architecte. — Vue perspective.
75. — Écuries et remises, à Paris, 8, rue de la Gare et boulevard Exelmans. — MM. Toutain et Hulaine, architectes. — Élévations et plans.
76. — Écuries et dépendances, château d'Orqueveaux (Haute-Marne). — M. Clermont, architecte. — Élévations, coupe et plans.
77. — Collège Sainte-Barbe, à Paris, rue Valette. — M. Lheureux, architecte. — Élévation.
78. — Pavillon, à l'Exposition nationale de Bruxelles, en 1880. — Élévations et plan.
79. — Pavillon, Château de Beaumont-le-Roger (Eure). — M. Hodesny, architecte. — Élévations et plan.
80. — Water-closets, à Bruxelles, boulevard Waterloo. — M. Wynendaele, architecte. — Plans, élévations et coupes.

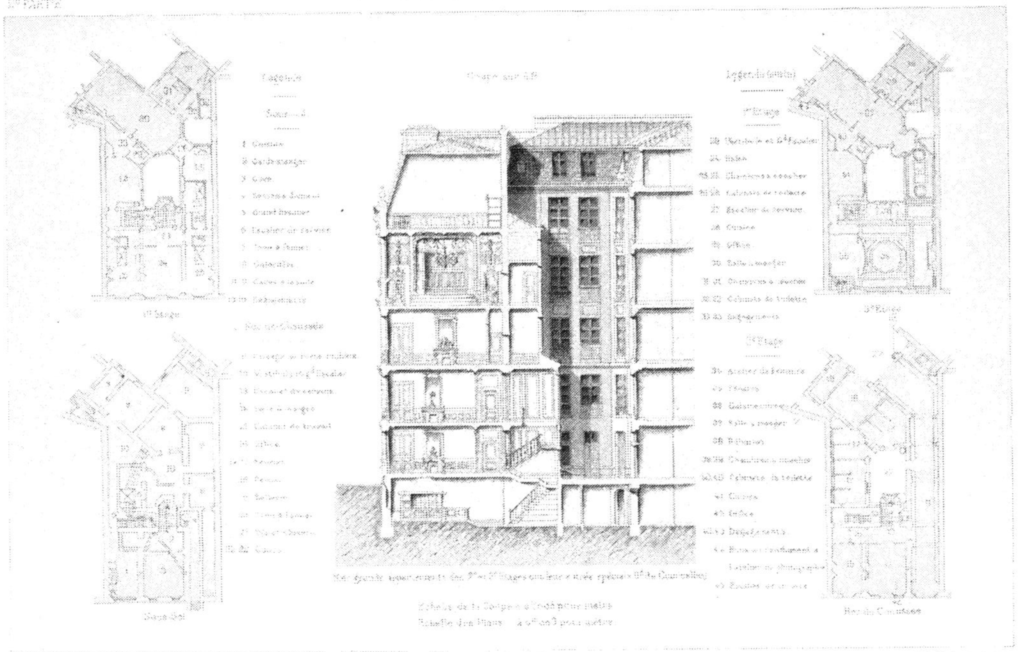

LA BRIQUE ORDINAIRE

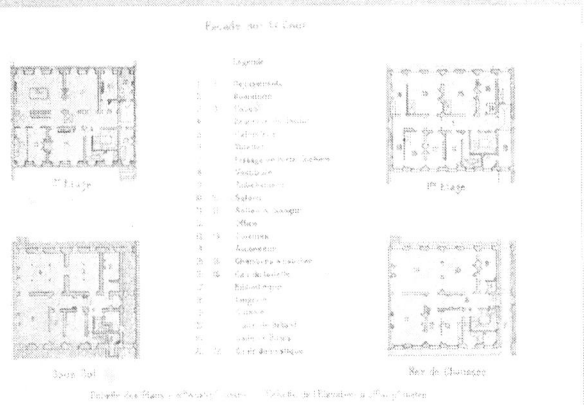

LA BRIQUE ORDINAIRE

Façade sur le Jardin.

Coupe.

Echelle de l'Elevation à 0,01 p. mètre — Echelle de la Coupe à 0,02 p. mètre

HÔTEL
rue de Courcelles, N° 61 à Paris — Elevation et Coupe
par M. TRAIN Arch.te

HÔTEL PRIVÉ
rue Leroux N°4 à Paris - Élévation
M. Paul SEDILLE Arch.

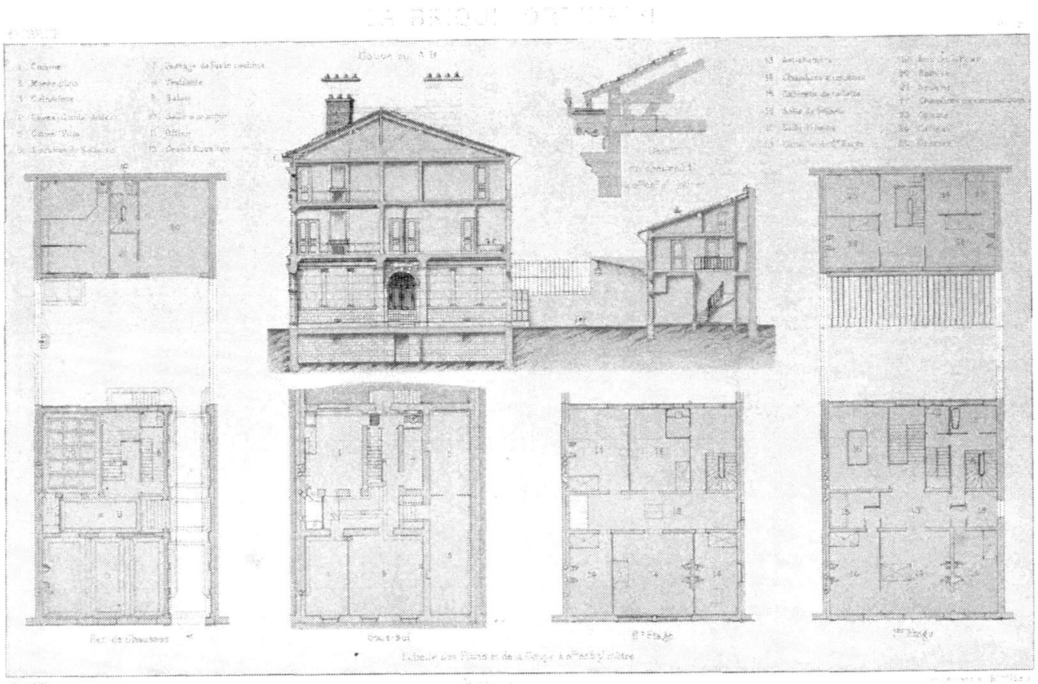

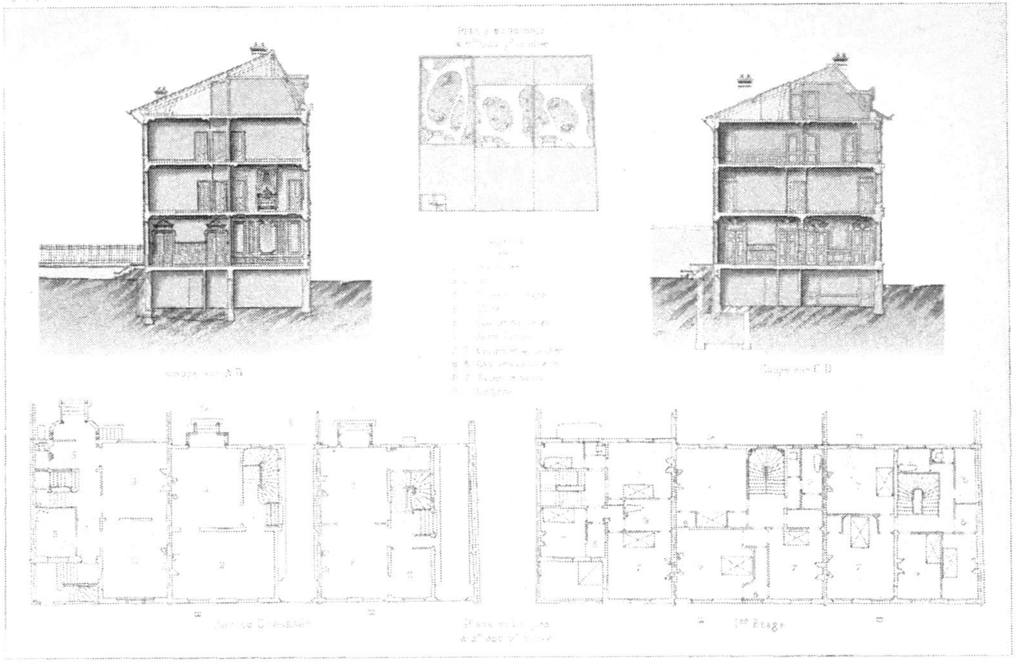
1er Étage

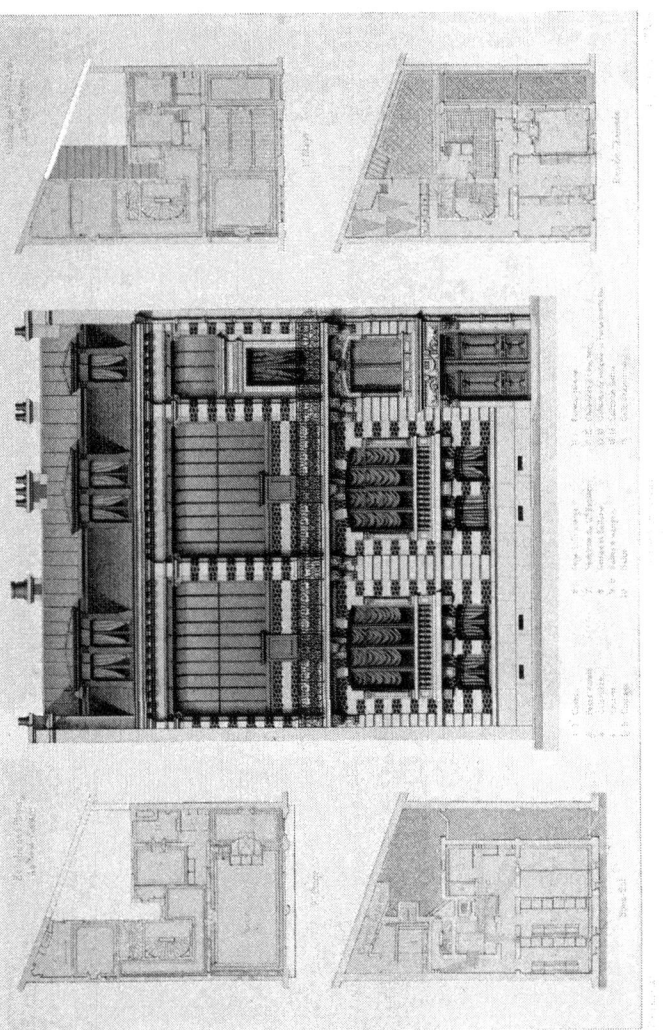

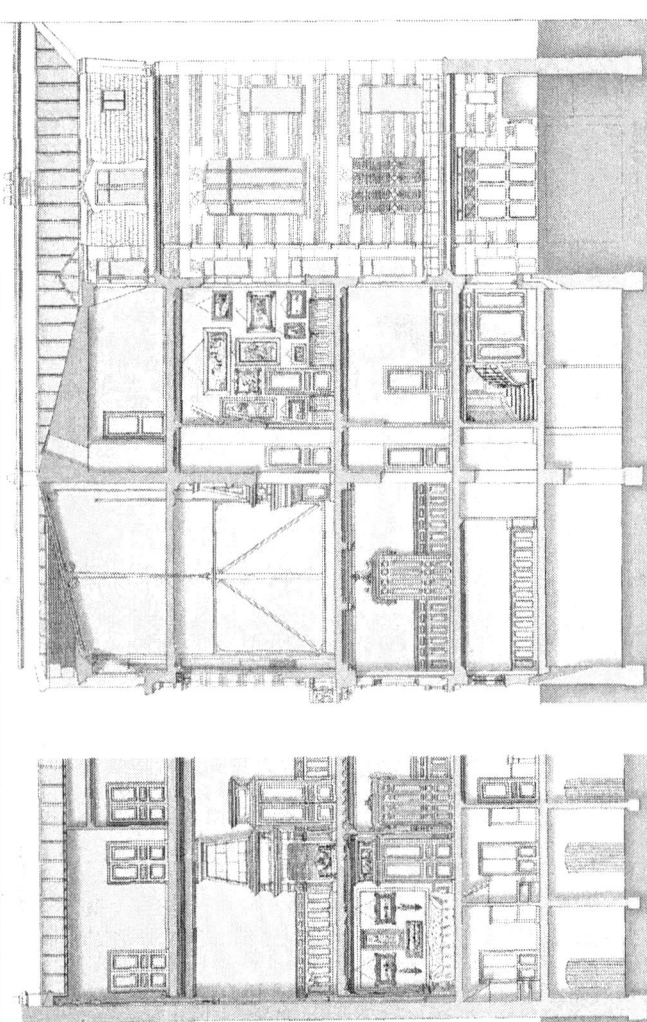

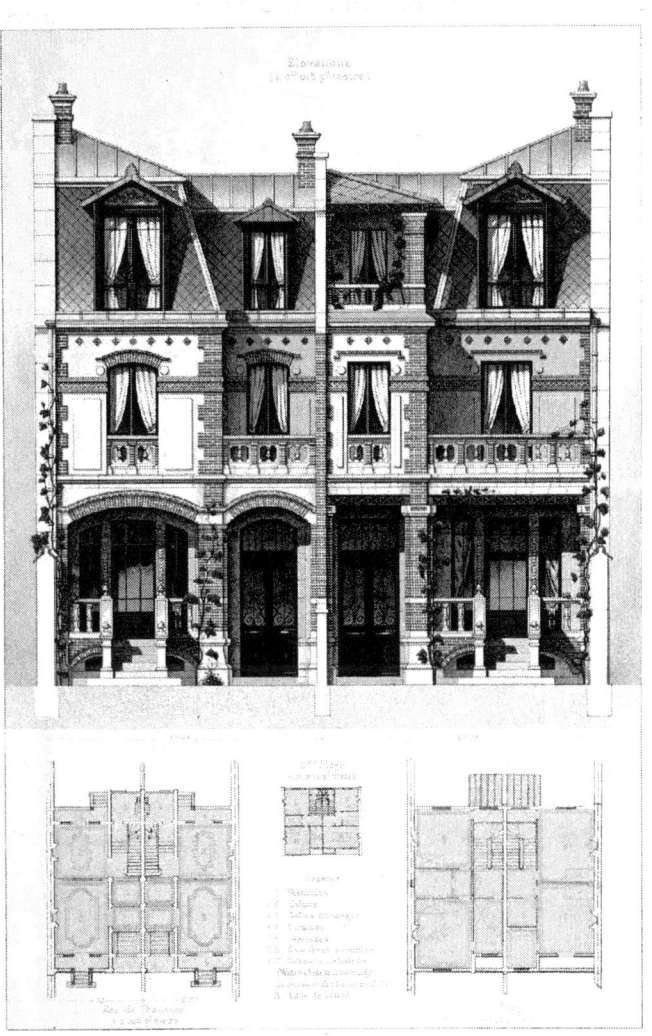

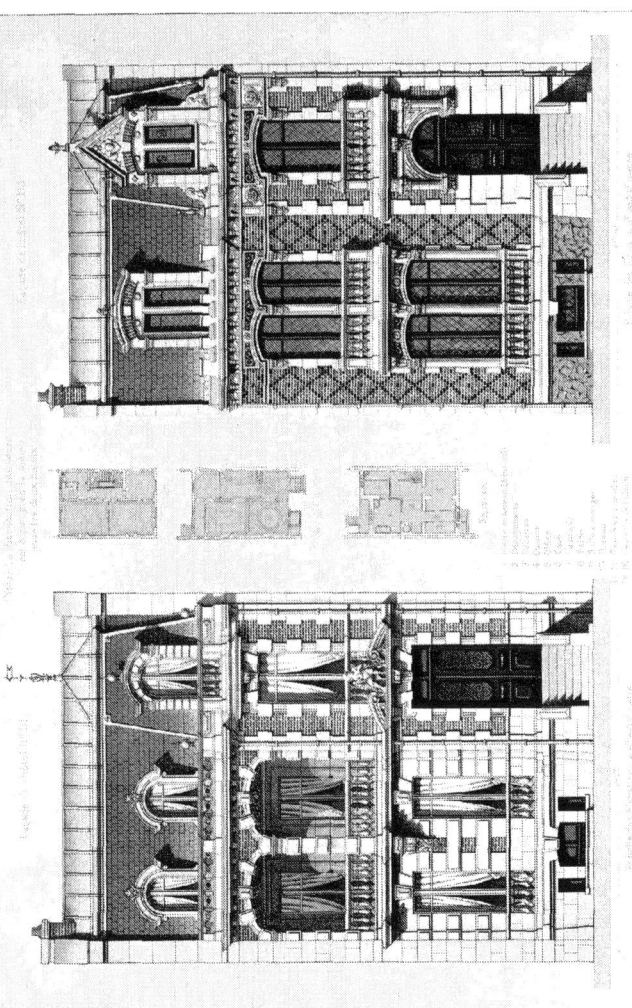

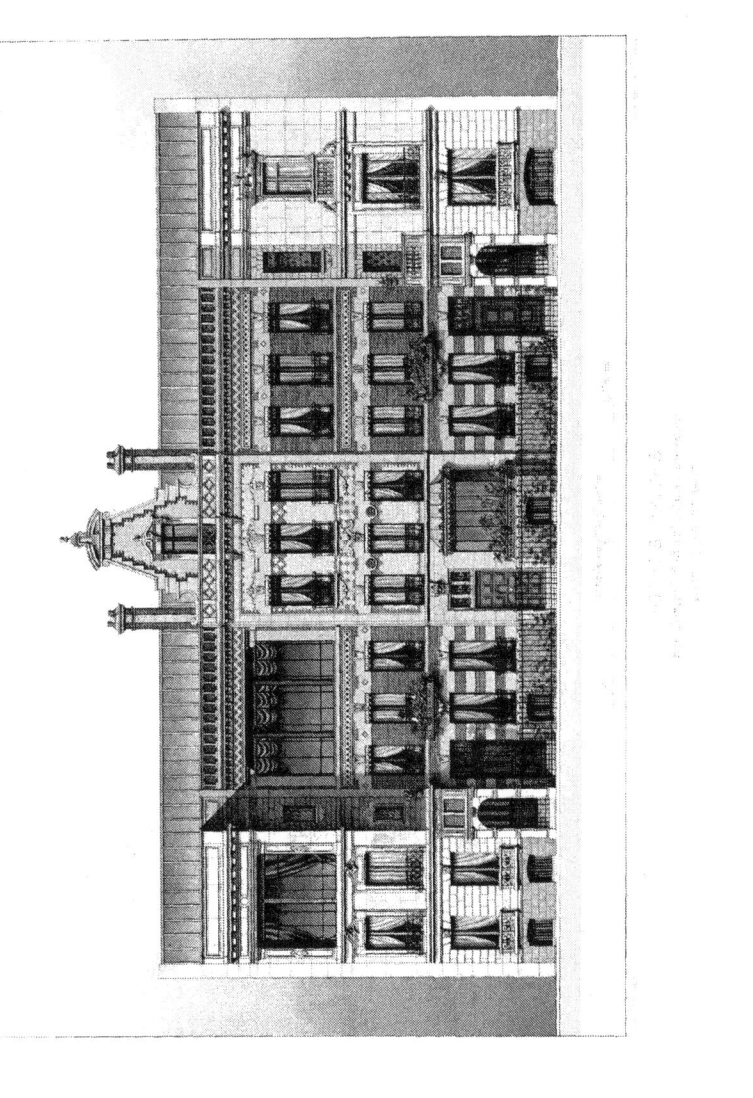

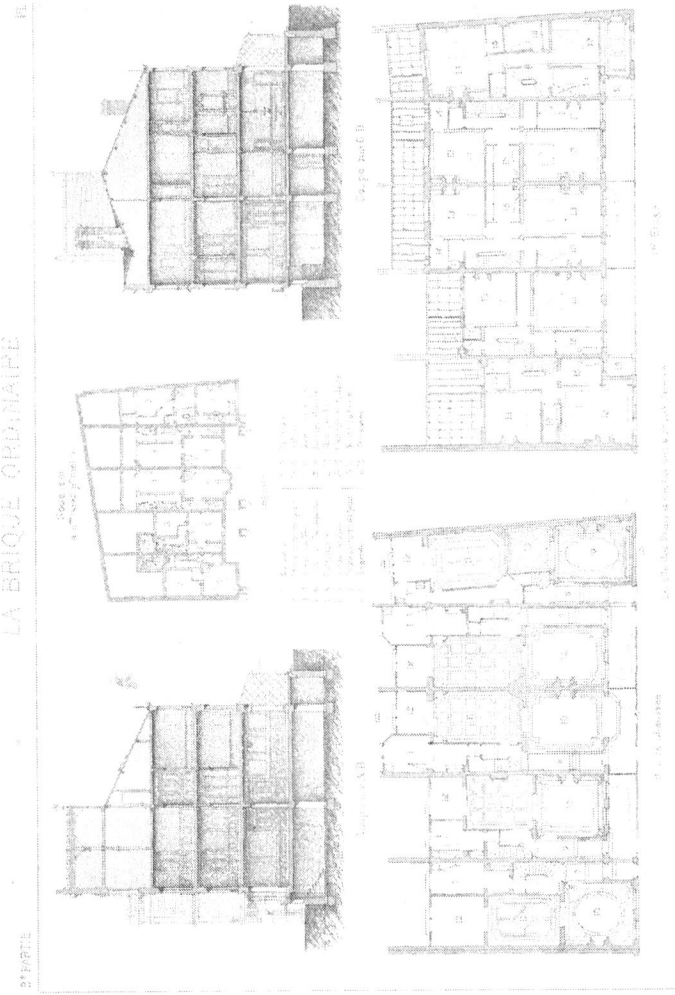

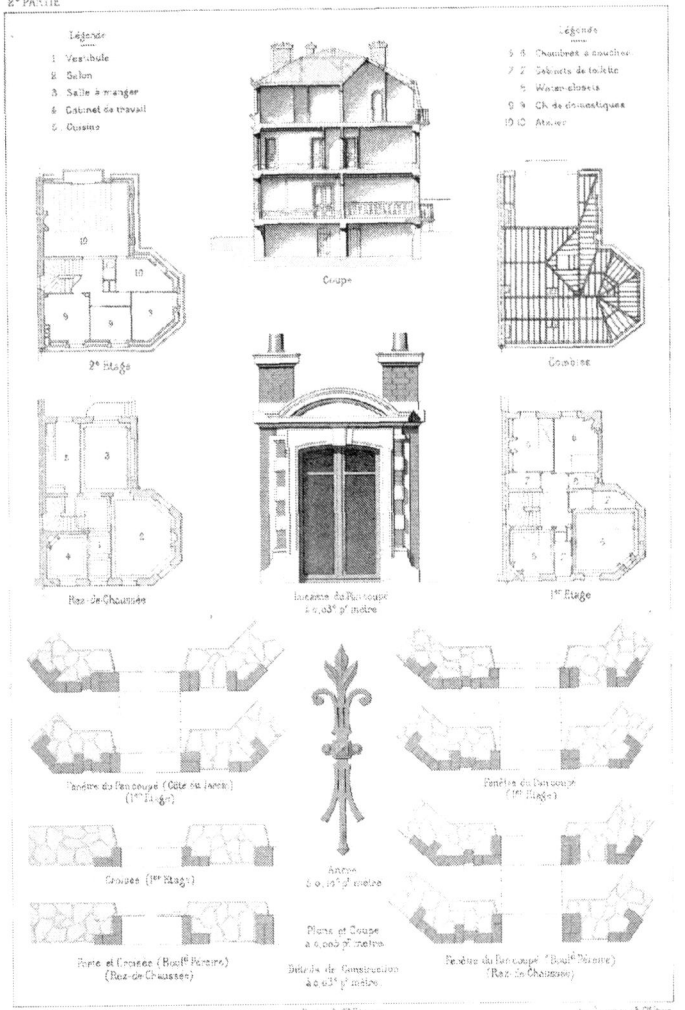

VILLA DE M. MASSELIN

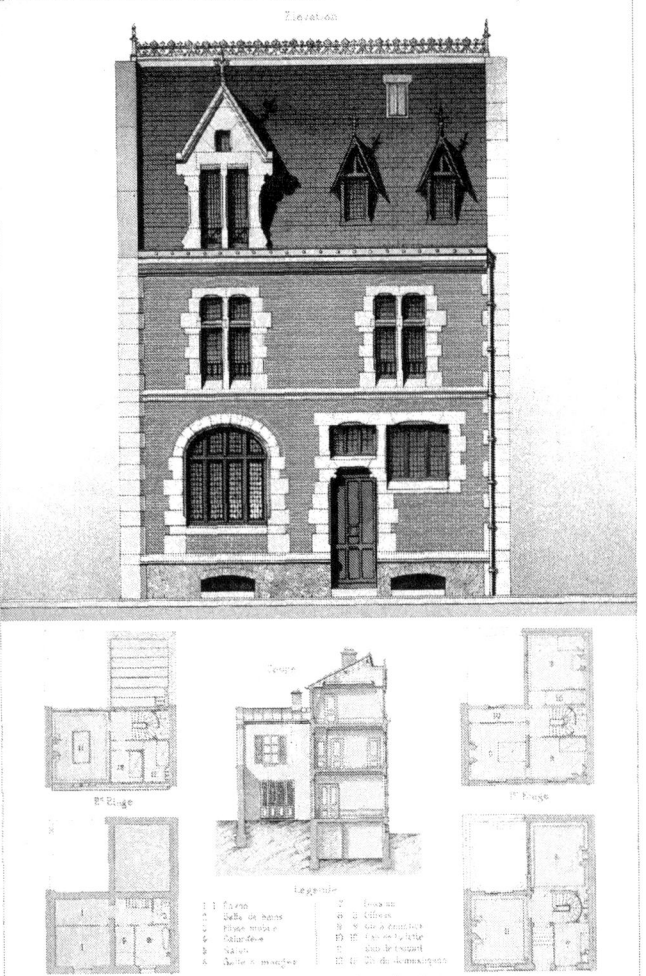

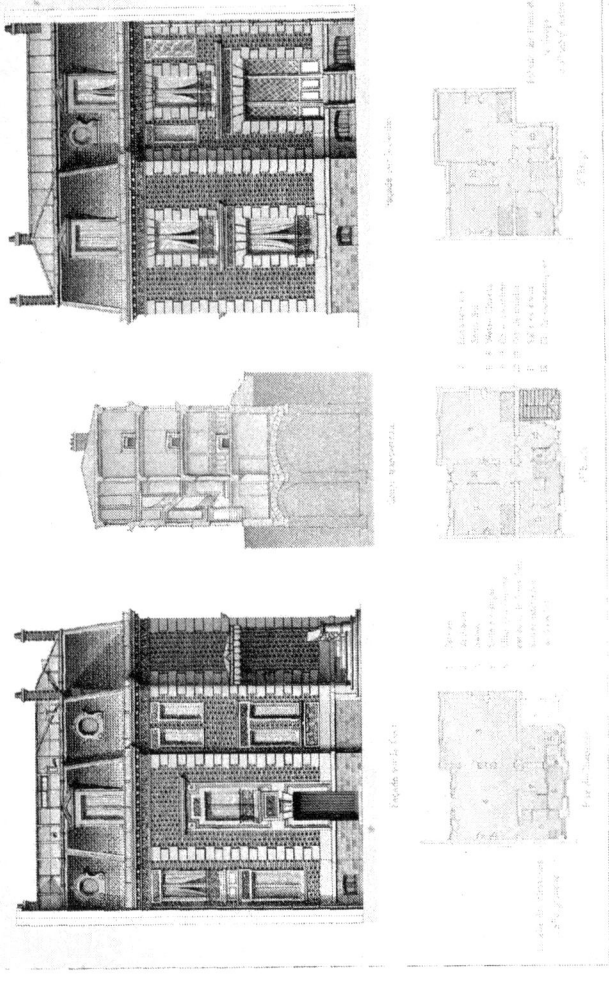

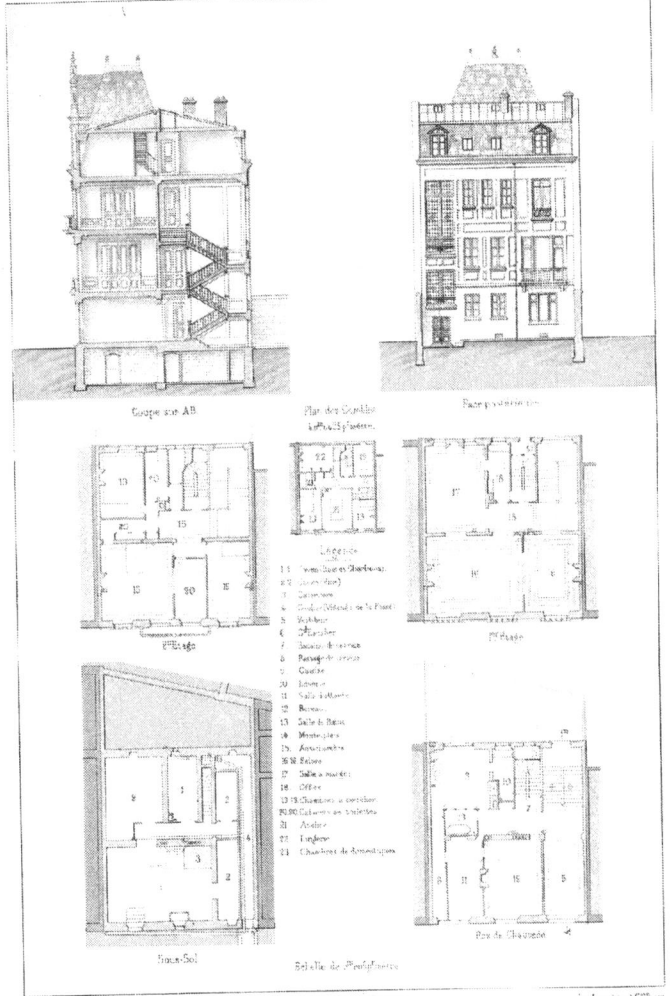

HÔTEL
rue du Général-Foy à Paris — Plans, Élévation et Coupe
par M. HILAIRE PENAULT Arch.

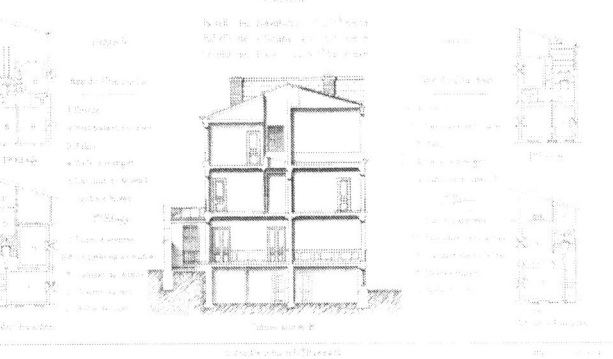

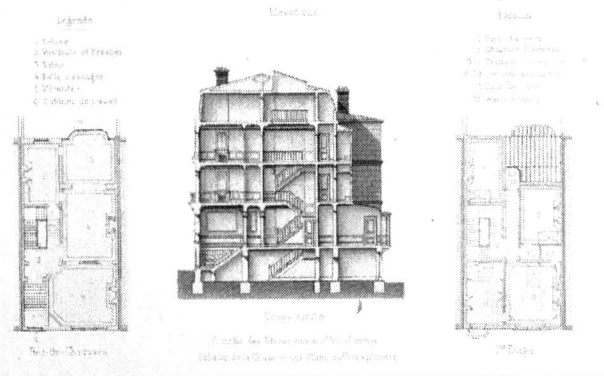

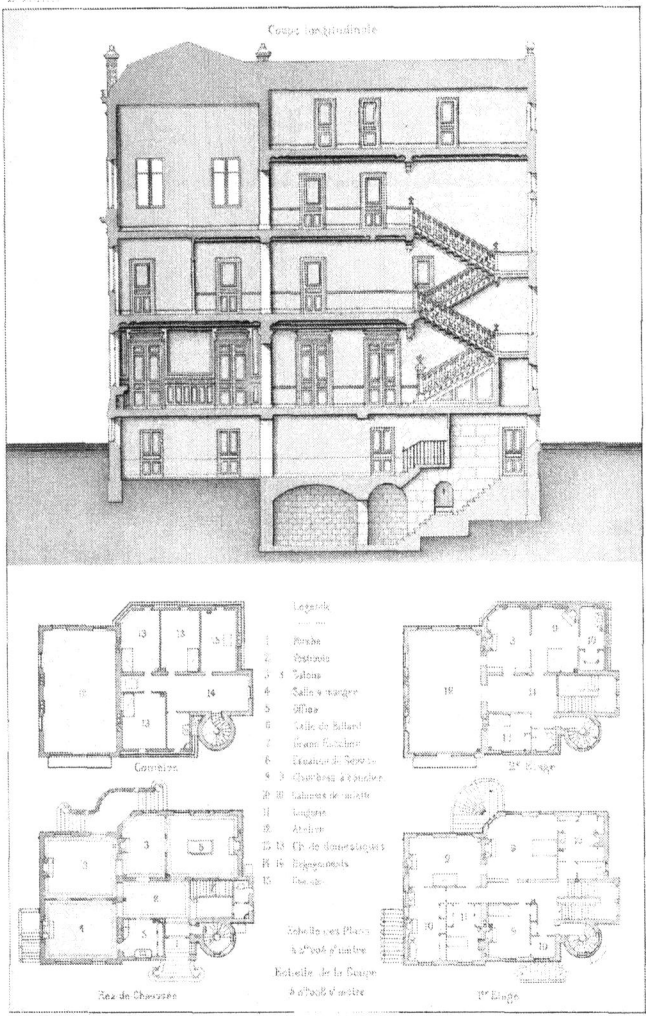

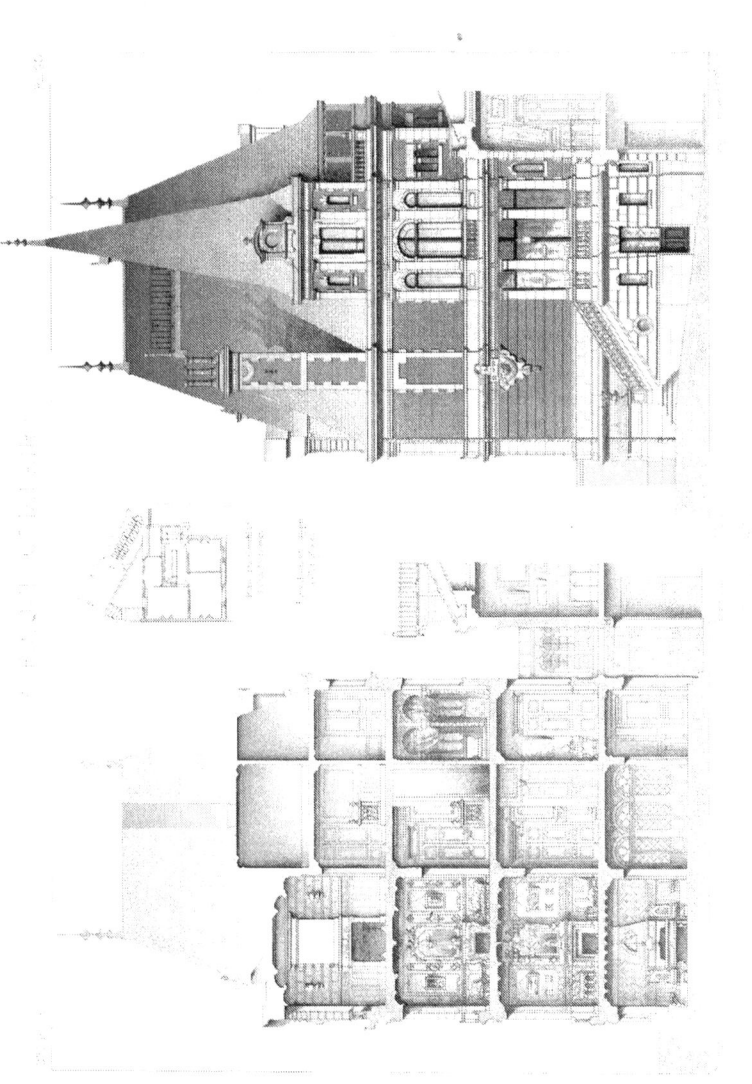

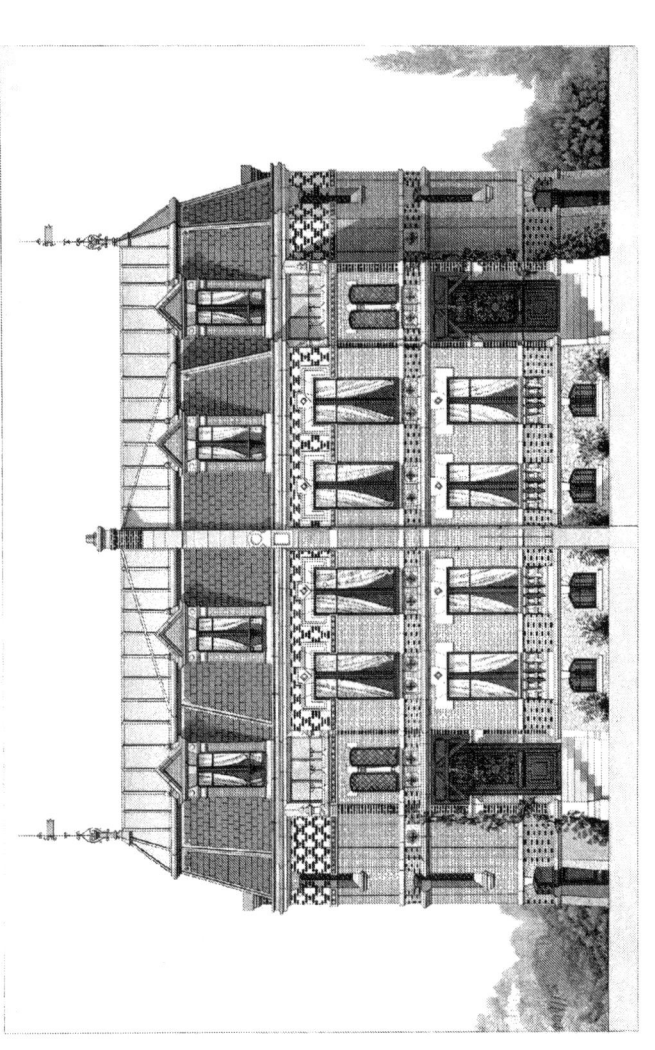

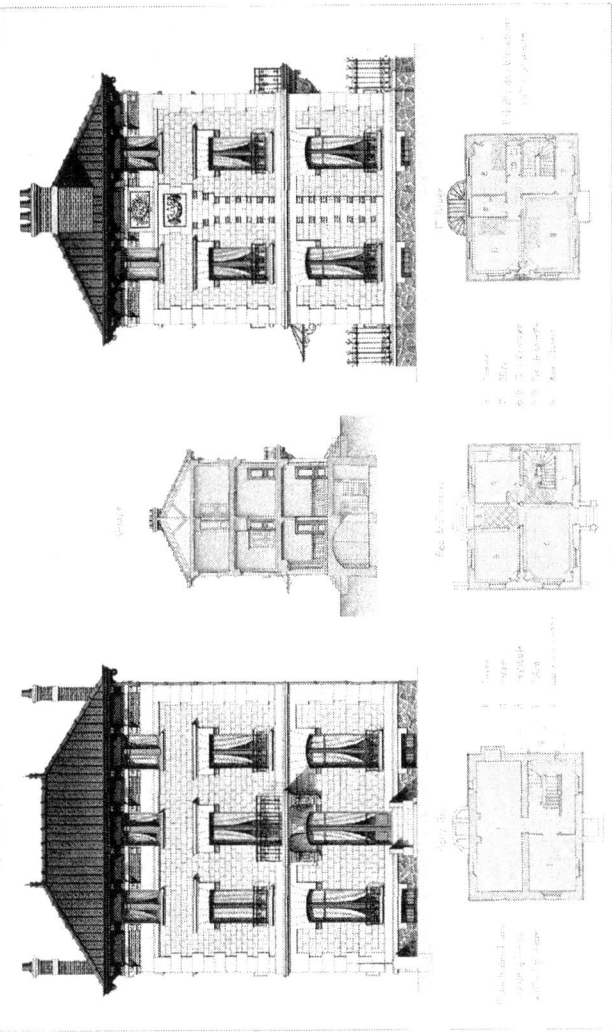

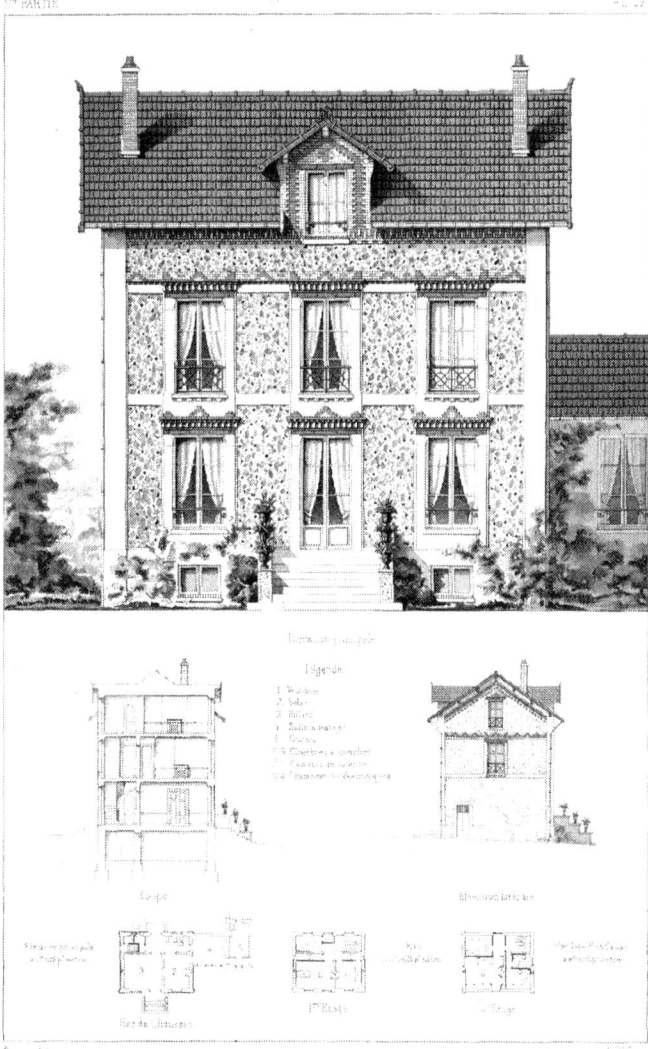

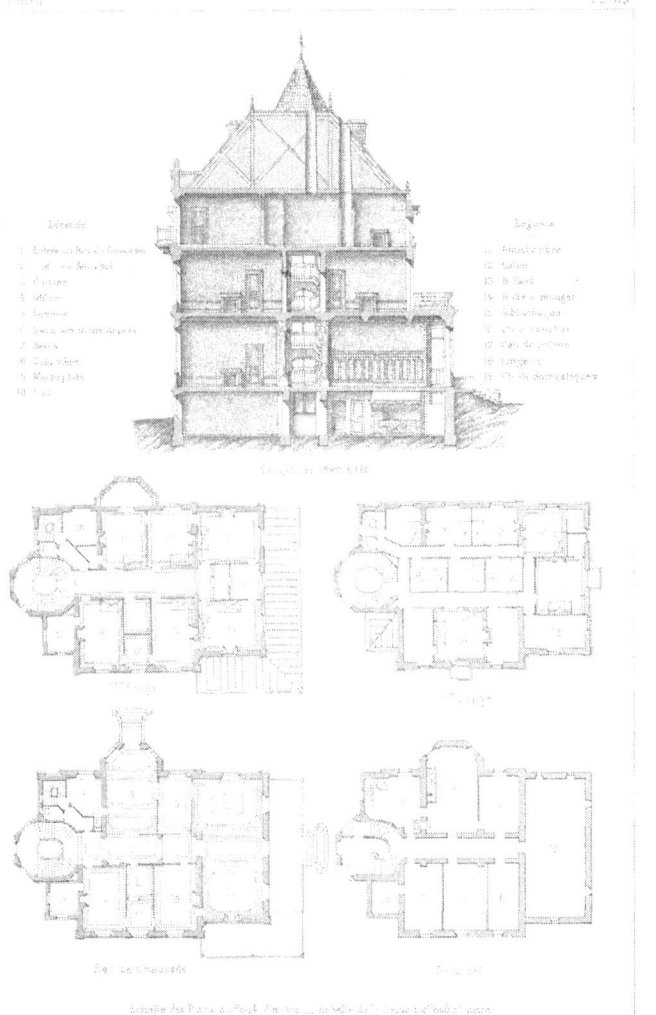

LA BRIQUE ORDINAIRE

Façade principale

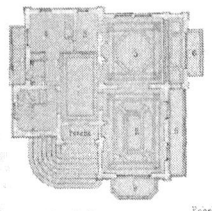

Rez-de-Chaussée

Légende

1. Vestibule
2. Salon
3. Salle à manger
4. Cuisine
5. Office
6. Laverie
7. Chambres à coucher
8. Cabinets de toilette
9. Véranda
10. Terrasses

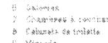

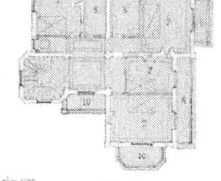

1er Étage

VILLA JEANNE ET MARTHE

VILLA
à Arromanches (Calvados). Élévation et Plans
par M. LE VERRIER Arch.ᵗᵉ à Bayeux

LA BRIQUE ORDINAIRE

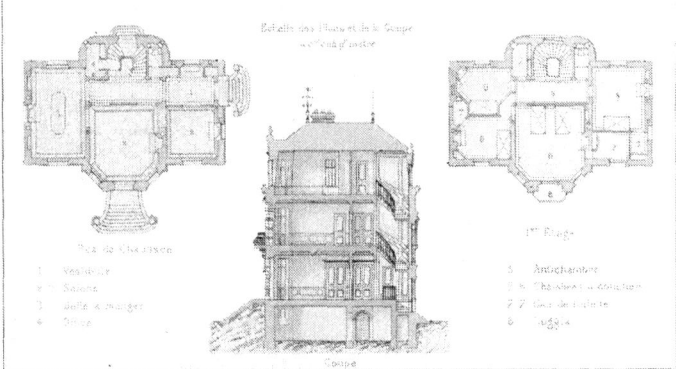

VILLA

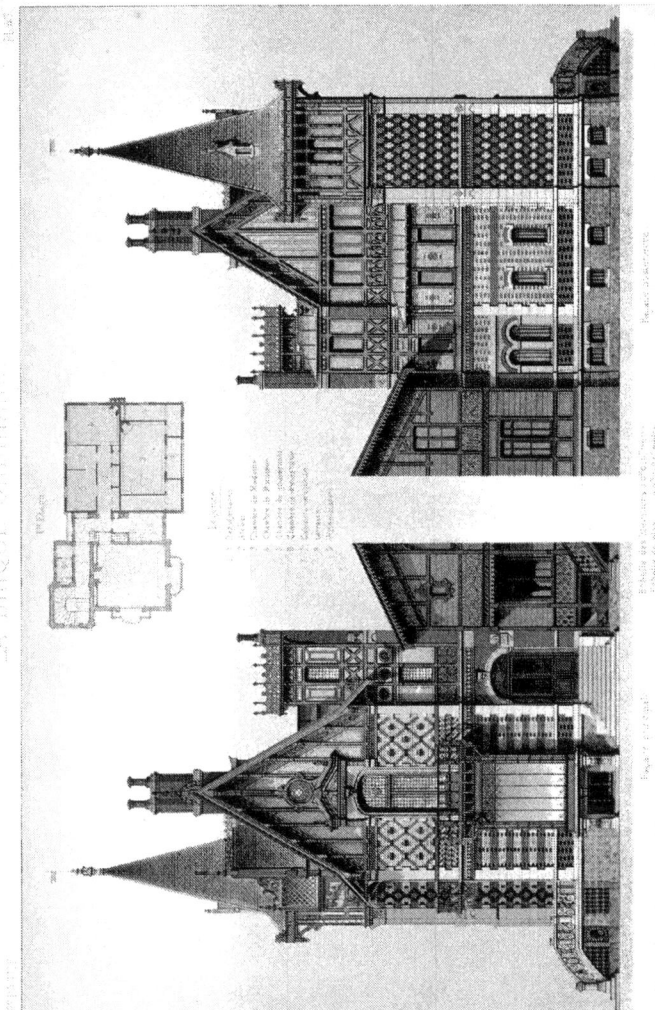

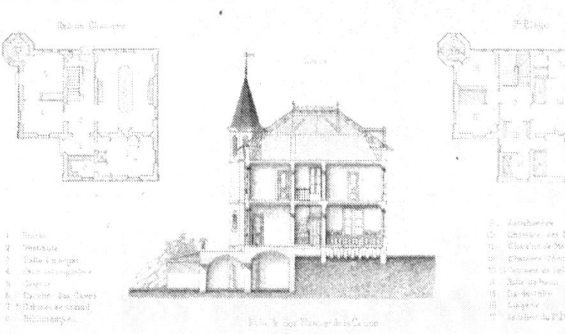

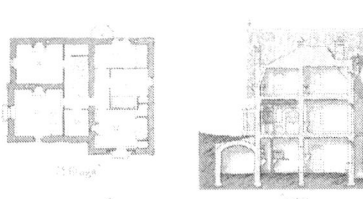
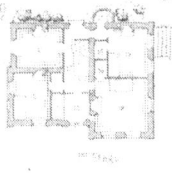

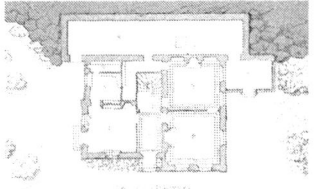

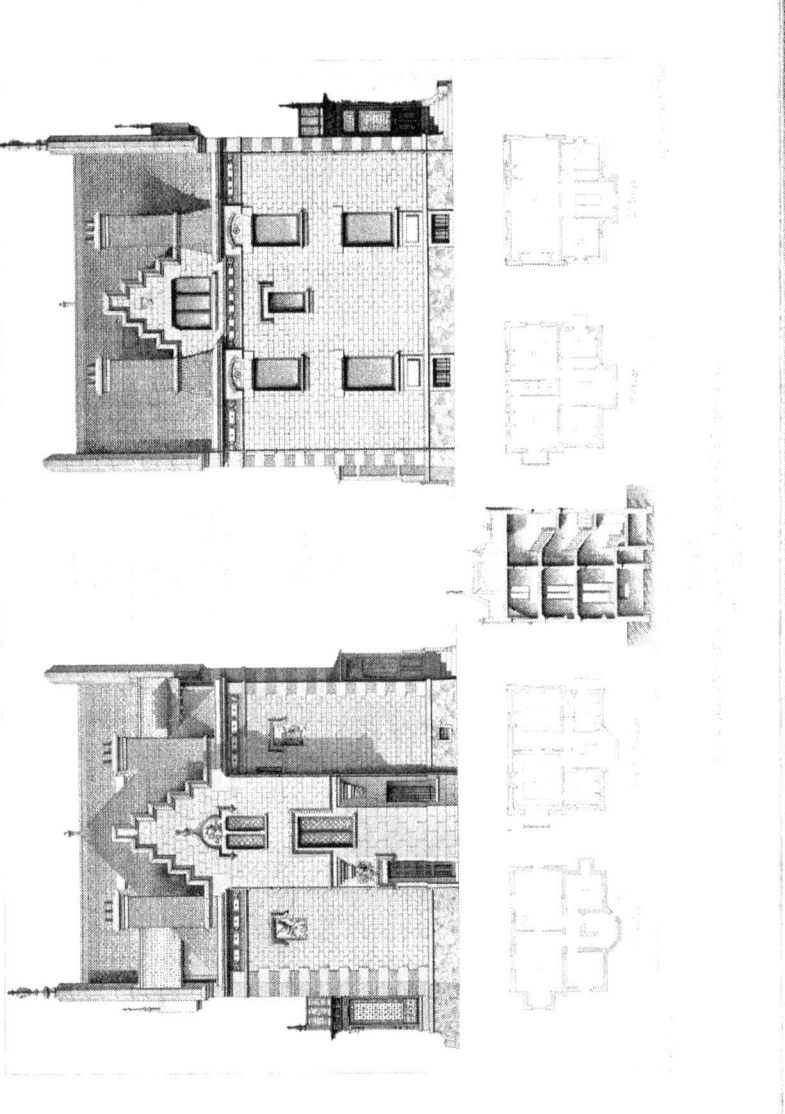

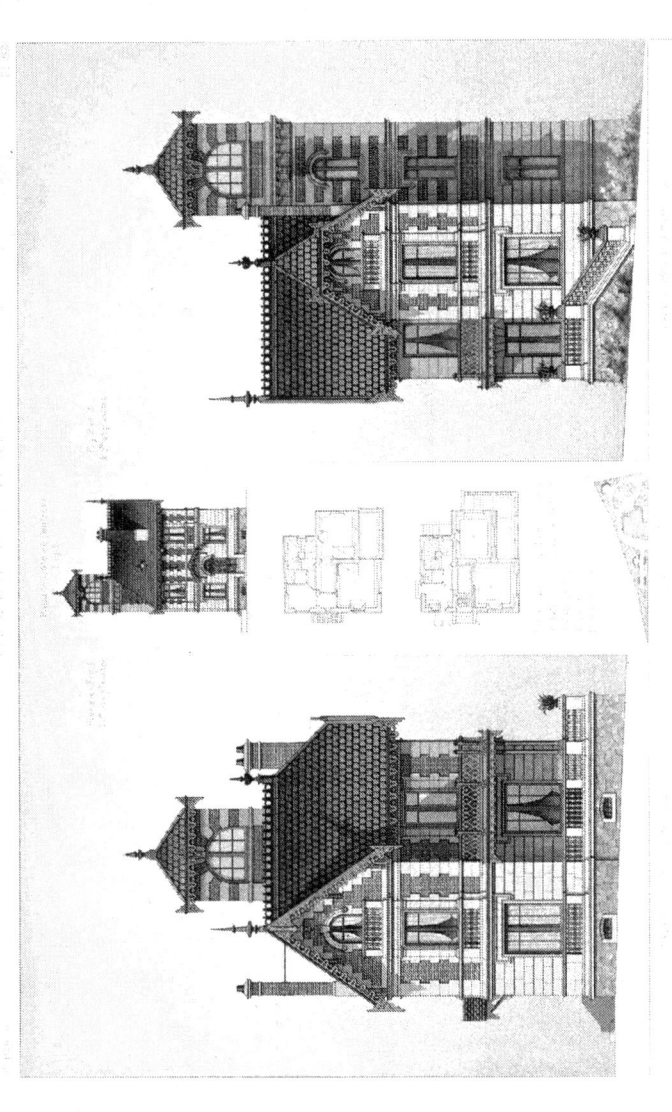

VILLA
à Fourqueux (Seine-et-Oise) _ Vue perspective
par M. ED. GUÉGUEN Architecte

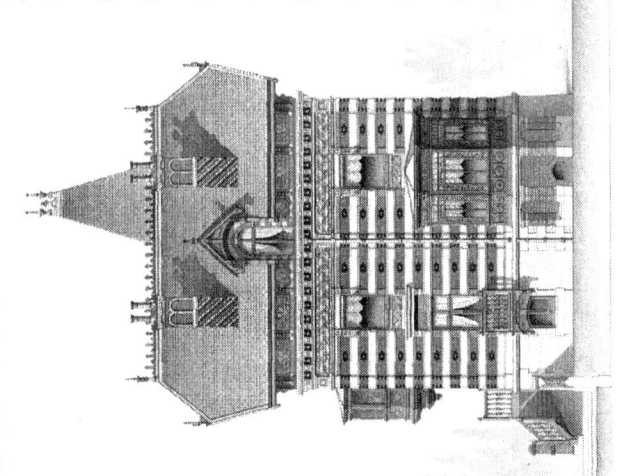

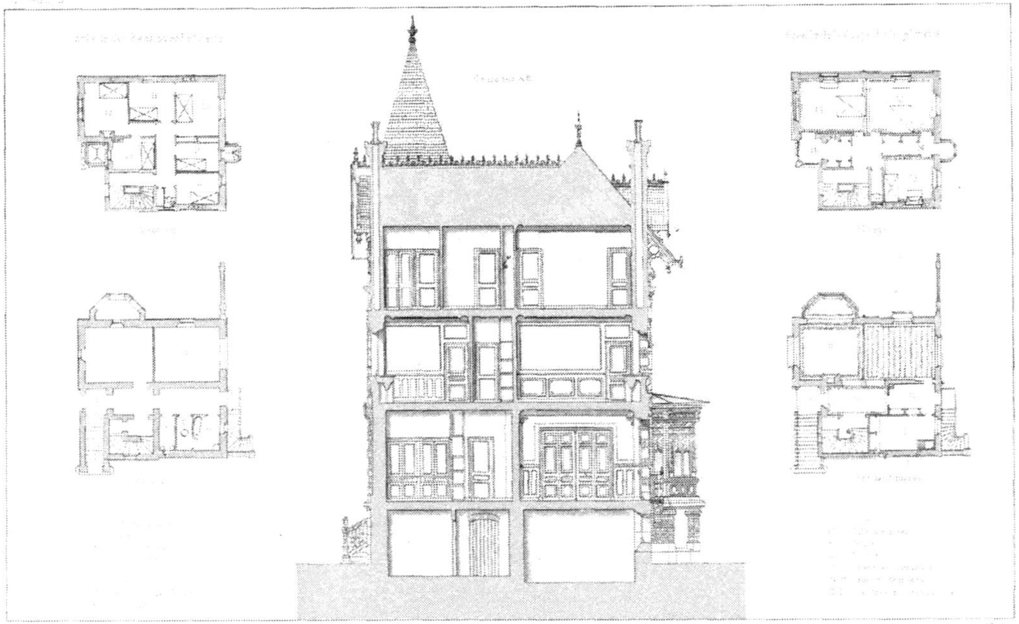

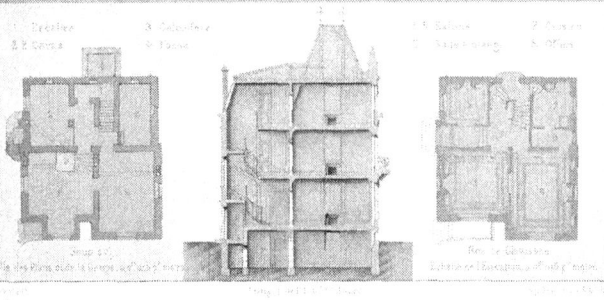

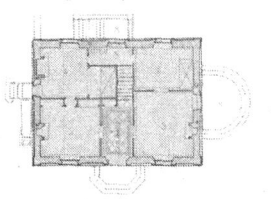
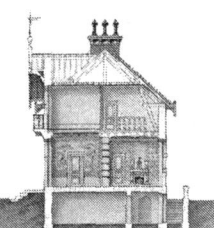

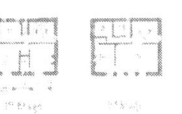

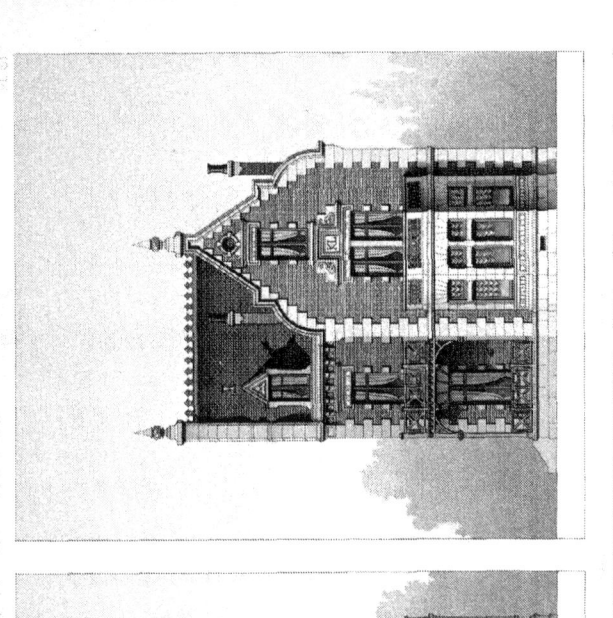
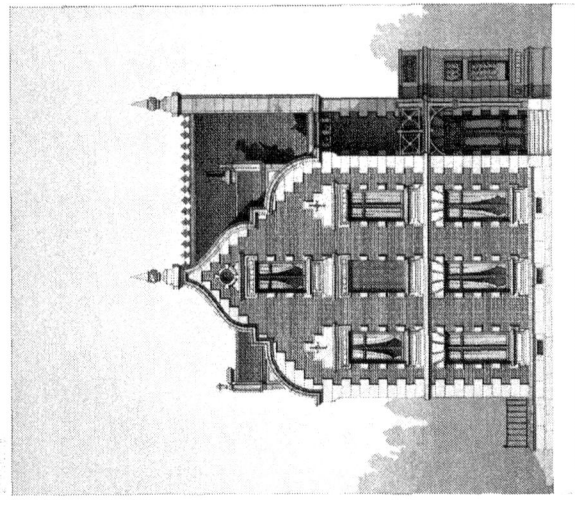

VILLA
à Lion-sur-Mer (Calvados) — Coupe et Plans
par M. ED. WESLANG Arch.te

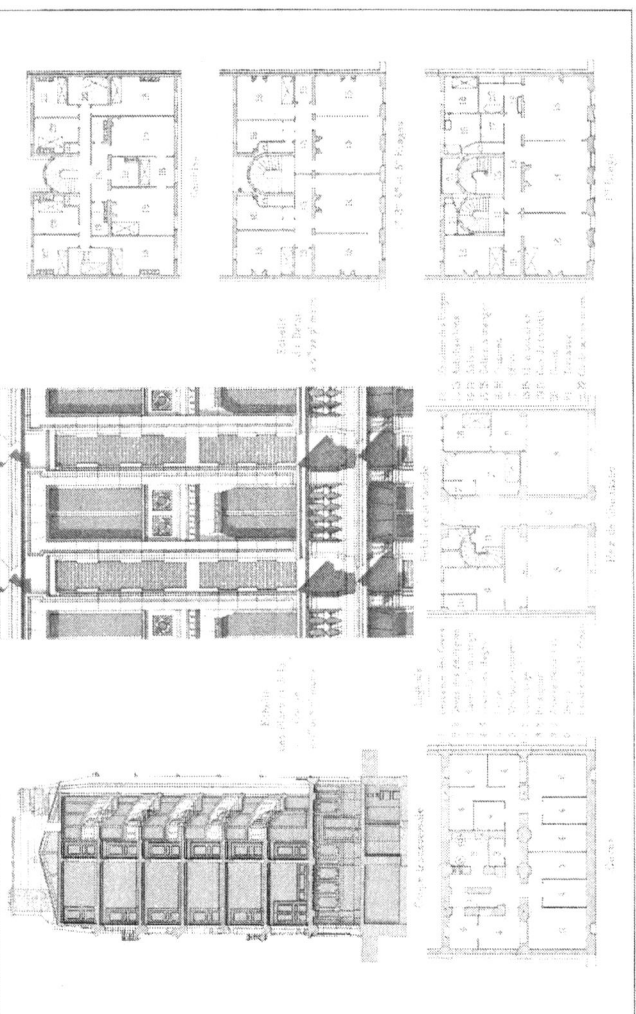

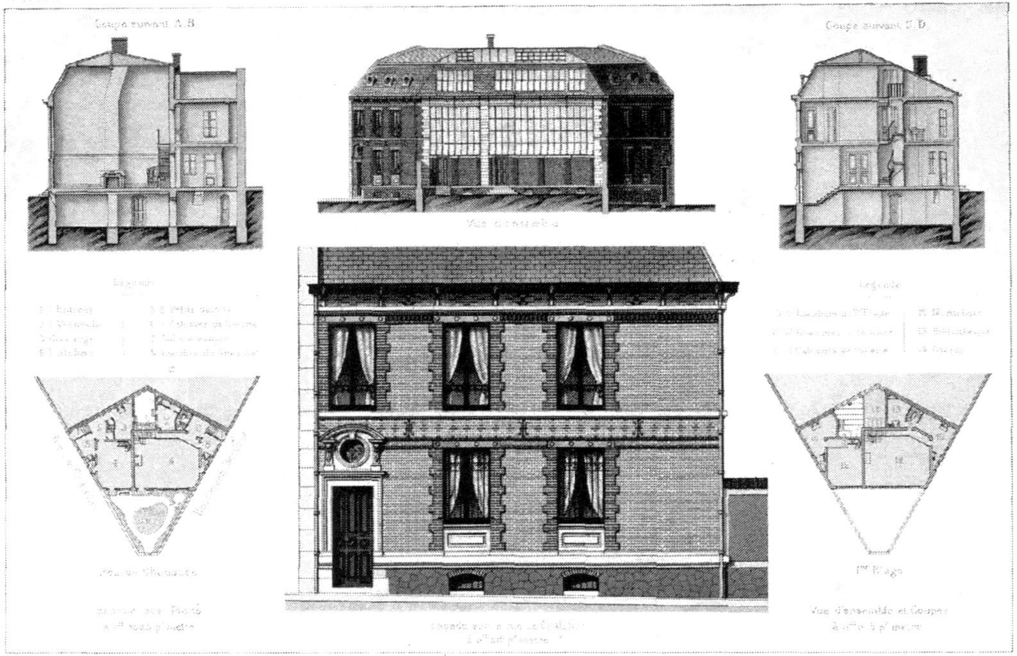
Coupe suivant A.B
Coupe suivant C.D
Légende
Légende
1er Étage
Vue d'ensemble et Coupes

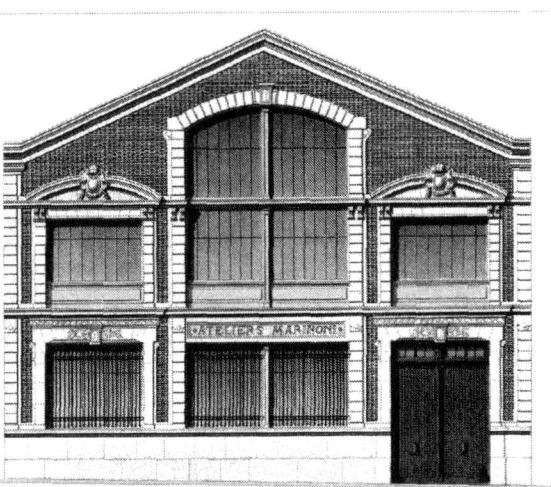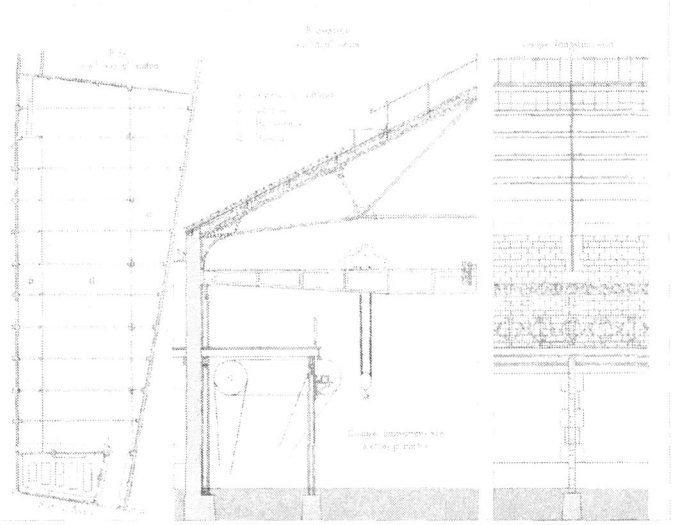

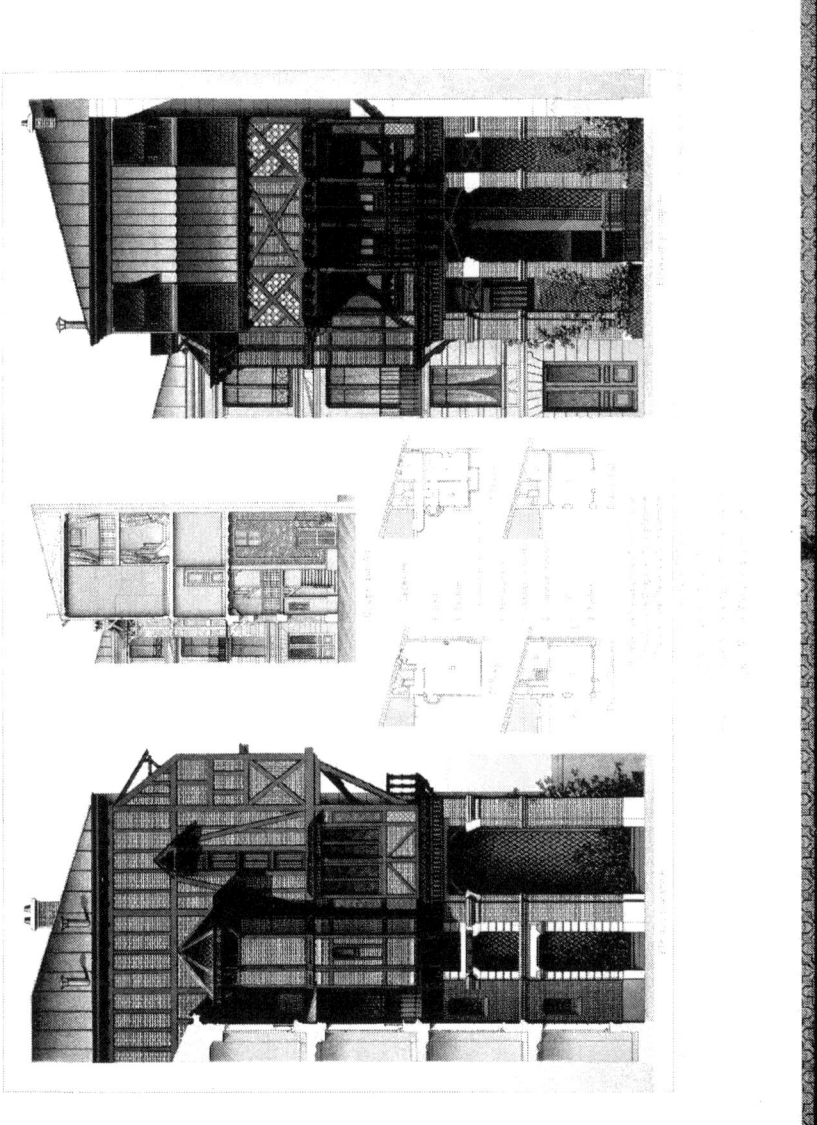

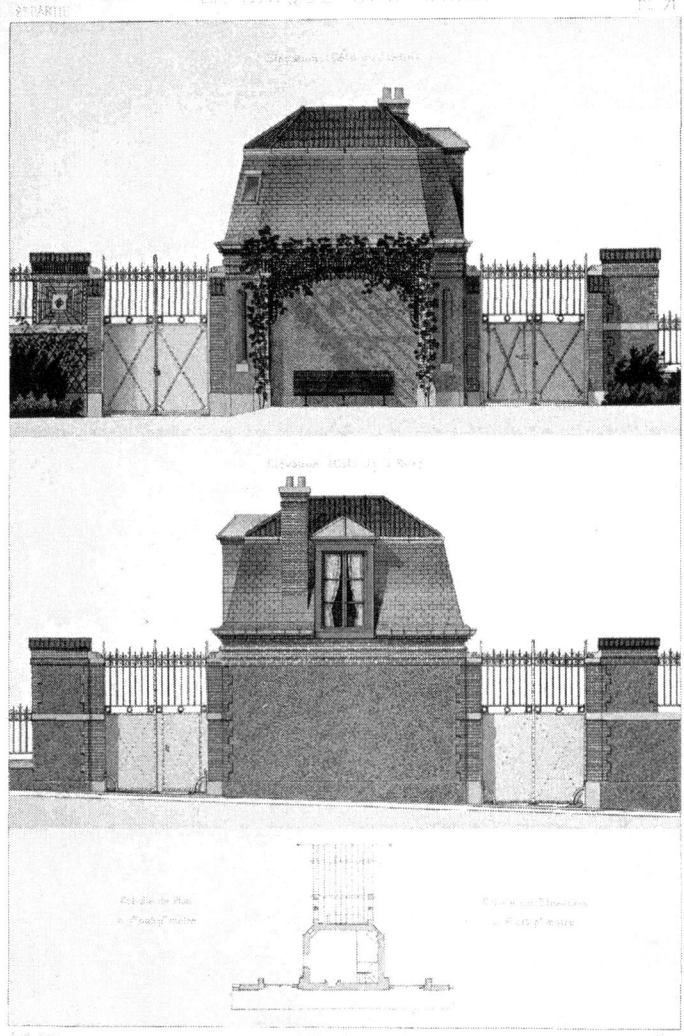

LA BRIQUE ORDINAIRE

LA BRIQUE ORDINAIRE

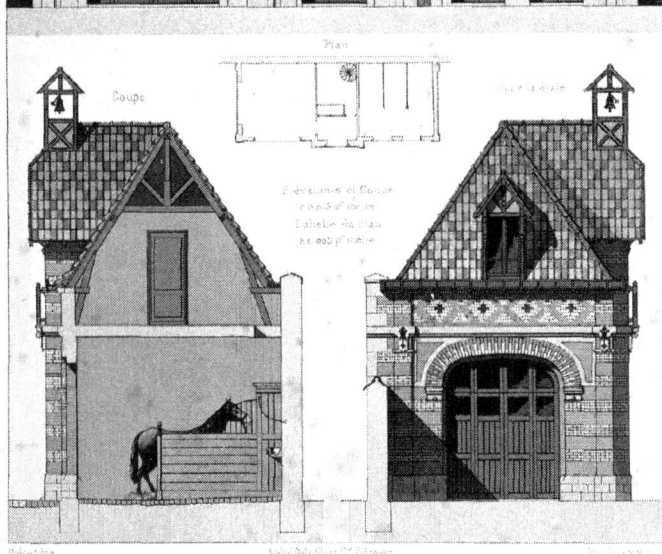

ÉCURIE ET REMISE

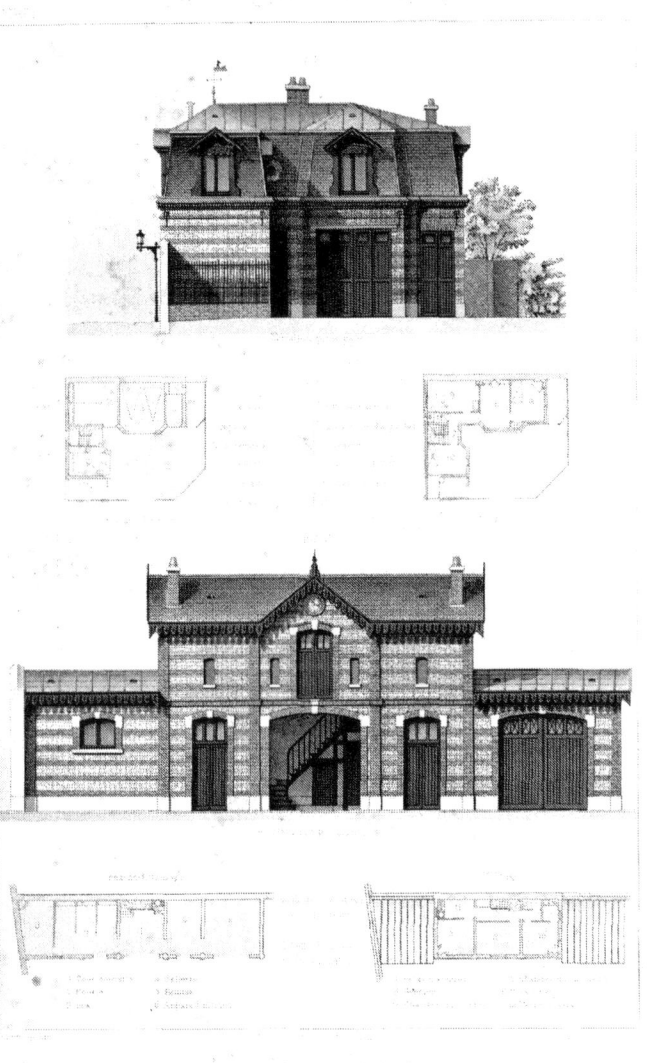

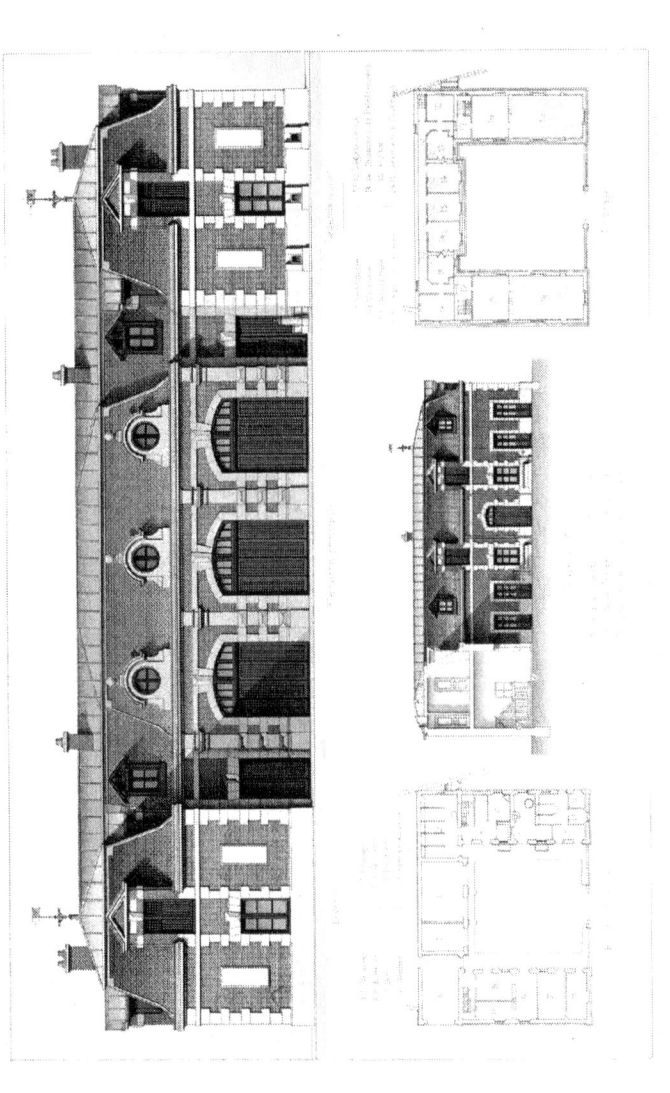

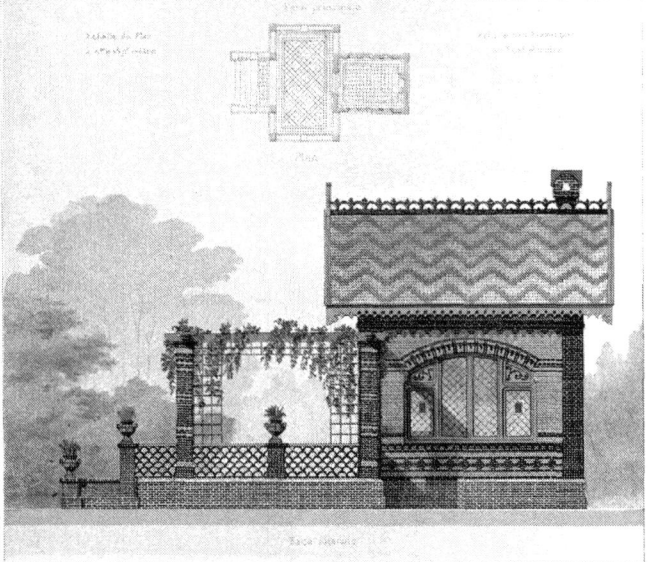

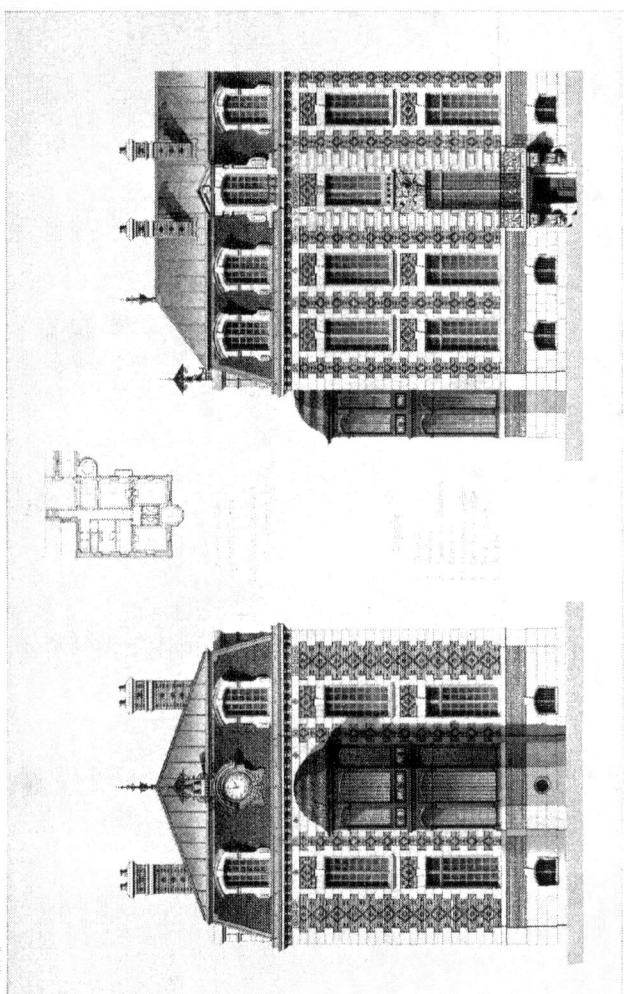

www.ingramcontent.com/pod-product-compliance
Ingram Content Group UK Ltd.
Pitfield, Milton Keynes, MK11 3LW, UK
UKHW021607210225
4708UKWH00038B/499